für Caroline

von Susanne & [illegible]

die besten Wünsche und ganz viel Gesundheit

Was ich dir *wünsche* zum 60.

GROH

Heute ist dein großer Tag, es ist
dein 60. Geburtstag – und zu diesem gratuliere ich dir
ganz herzlich. Du hast in der Vergangenheit
viel erreicht, worauf du stolz sein kannst – ich wünsche dir,
dass du nun mehr Zeit findest, dich deinen kleinen und
großen Träumen zu widmen und dass du das Leben
in vollen Zügen genießen kannst.

*Auf dich
und deine Zukunft!*

Am schönsten bist du, wenn du lachst
und dich von Herzen freust – so wie heute.
Ich wünsche dir, dass du auch in den nächsten
zehn Jahren viele Gründe dafür findest und dass alle,
die dir am Herzen liegen, mit dir feiern. Dass du dir
deinen Optimismus
und dein Lachen auch an trüben Tagen
bewahren kannst, das ist mein größter
Wunsch für dich.

Der Weg, der hinter dir liegt, war sicher
nicht immer leicht. Aber du hast dich nie unterkriegen lassen
und sieh dir an, wo du heute stehst. Ich wünsche dir,
dass du nichts zu bereuen hast, sondern zufrieden
mit deinen Entscheidungen bist. Nimm dir die Zeit und genieße
diesen kleinen Rückblick auf dein Leben.

DIE SEELE ALLER GELINGENDEN TÄTIGKEIT IST DOCH
DAS TIEFE SELBSTVERTRAUEN.

Wilhelm von Humboldt

Ich wünsche dir, dass du dir
im nächsten Jahr etwas mehr
Zeit zum Nichtstun
nimmst, um ganz ohne schlechtes Gewissen
einfach mal die Seele baumeln zu lassen.
Gönne dir hin und wieder kleine Ruhepausen
und Auszeiten vom Alltag, damit du danach
erholt und motiviert
wieder durchstarten kannst.

AUCH DIE PAUSE
GEHÖRT ZUM RHYTHMUS.

Stefan Zweig

Dass du im Trubel des Alltags nicht
die Augen vor den vielen kleinen Wundern verschließt,
sondern der Welt um dich herum offen und
voller Erwartung begegnest, das ist mein Wunsch für dich.
Jeder Tag hält so viel Schönes bereit, wenn du
es erkennen und annehmen willst.

DAS LEBEN WIRD MIR NIE ZUR GEWOHNHEIT.
ES IST IMMER EIN WUNDER.

Katherine Mansfield

Mit den Jahren fällt es oft leichter,
den Moment voll auszukosten, dennoch ist
Genießen eine Kunst,
in der man sich üben sollte.
Darum wünsche ich dir, dass du es dir
im nächsten Jahr so richtig gut gehen lässt.
Gönn dir einen Hauch von Luxus
in deinem Alltag.

Du bist jetzt in einem Alter, in dem langsam Gedanken an die Zeit nach der Arbeit aufkommen. Bald kannst du all die Dinge tun, die du früher immer auf später verschoben hast – ich wünsche dir, dass du *deine neue Freiheit genießen* kannst. Endlich Zeit für neue Hobbys und alte Leidenschaften … die Zukunft gehört dir und deinen Träumen.

GENIESSE DEINE FREIHEIT
UND GIB DEINER SEELE RAUM ZUM ATMEN.
Viktor Levin

Ich wünsche dir, dass du dem Älterwerden gelassen entgegensiehst. Freue dich auf die vielen schönen Dinge, die das Alter mit sich bringt – zum Beispiel darauf, deine Enkel und vielleicht sogar deine Urenkel aufwachsen zu sehen.

GLÜCKLICHSEIN HEISST AUCH,
SICH SELBST ZU MÖGEN, SO WIE MAN IST.

unbekannt

Auch wenn ich es dir
von Herzen gönnen würde, dass jeder Tag
nur Sonnenschein für dich bereithält – du hast
genug Lebenserfahrung, um zu wissen:
wo Licht ist, ist auch Schatten. Darum wünsche ich dir
für die weniger schönen Momente viel
Kraft und Unterstützung
sowie den festen Glauben daran, dass sich
alles zum Guten wendet.

Ich wünsche dir,

dass du diesen einen besonderen Menschen
an deiner Seite hast, bei dem du dich zuhause fühlst
und mit dem du dir eine romantische Zukunft
vom Älterwerden ausmalen kannst. Dass ihr bald
wieder mehr Zeit füreinander findet und gemeinsam
noch viele große und kleine Abenteuer erlebt,
das hoffe ich sehr.

Mein Wunsch für dich ist, dass du dir

Zeit für deine Träume

und Herzenswünsche nimmst. Was würde dich so richtig glücklich machen, was wolltest du schon immer einmal erleben? Ich wünsche dir Vorstellungskraft und dass du dich traust, Großes zu träumen und deine Pläne auch zu verwirklichen.

WÜNSCHE MÜSSEN ERST GETRÄUMT WERDEN,
BEVOR SIE IN ERFÜLLUNG GEHEN.

Silke Förster

Sicher gibt es viele Menschen in deinem Leben,
die dich lieben und diesen besonderen Tag mit dir feiern.
Ich wünsche dir, dass du in Zukunft ein bisschen mehr Zeit
für sie findest. Zeit für tiefsinnige oder anregende Gespräche,
für Kultur und Ausflüge, für Entspannung und Erholung –
genieße die Stunden mit Familie und Freunden.
Sie sind kostbar und sorgen für
schöne Erinnerungen.

Man sieht es dir nicht an,
aber du hast in den sechs Jahrzehnten
so einiges gesehen und erlebt. Auch wenn jeder
natürlich seine Fehler selbst machen muss –
ich wünsche dir, dass du anderen
mit deinen Erfahrungen
und deiner Lebensweisheit
weiterhelfen kannst.

Ich wünsche dir noch viele Gelegenheiten, dir

die Welt anzusehen.

Vielleicht gibt es diesen einen ganz besonderen Ort,
an den du schon lange einmal reisen wolltest?
Es gibt so viele schöne Dinge zu entdecken und zu bestaunen –
pack deine Koffer und lass dich überraschen,
wohin dein Herz dich zieht.

ALLE REISEN
HABEN EINE HEIMLICHE BESTIMMUNG,
DIE DER REISENDE NICHT AHNT.

Martin Buber

Viele Jahre hast du zurückgesteckt
und liebevoll deine Familie und Freunde umsorgt.
Ich wünsche dir, dass du dich in Zukunft
etwas mehr um dich selbst kümmerst und den Mut
aufbringst, auch einmal Nein zu sagen.
Auch du hast deine Grenzen, achte sie und
nimm ein wenig das Tempo
aus deinem Alltag.

Mein größter Wunsch für dich ist,
dass du gesund bleibst und das Leben genießen kannst – denn das ist das Wichtigste. Wenn es dir doch einmal nicht so gut gehen sollte, dann wünsche ich dir, dass du dich nicht unterkriegen lässt, sondern alles dafür tust, dass du dich schnell wieder erholst.

FÜR KEINEN IST ES ZU FRÜH ODER SPÄT,
FÜR DIE GESUNDHEIT DER SEELE ZU SORGEN.

Epikur

Ich wünsche dir, dass du
weiter abenteuerlustig und lebenshungrig bleibst
und den Kurs auch mal änderst, wenn dir der Sinn
nach etwas Neuem steht. Setz die Segel und lass dich
vom Wind tragen! Du kannst jederzeit umkehren,
aber versuche dein Glück – so kannst du später
einmal tolle Geschichten erzählen.

MAN MUSS ETWAS NEUES MACHEN,
UM ETWAS NEUES ZU SEHEN.

Georg Christoph Lichtenberg

Ich wünsche dir,

dass du dem neuen Lebensjahrzehnt mit Spannung
und Freude begegnest – es gibt noch so viel
zu entdecken, auszuprobieren und dazuzulernen.
Jetzt ist die beste Zeit, um das zu tun, was dir Spaß macht.
Genieße jeden Moment!

Happy Birthday!

Für jeden die passenden Wünsche
zum Geburtstag finden Sie auf:

www.groh.de
facebook.com/grohverlag

FSC® MIX
Papier aus verantwortungsvollen Quellen
FSC® C023419
www.fsc.org

Die nachhaltige Waldbewirtschaftung und die verantwortungsvolle Gewinnung des Rohstoffs Papier ist uns ein Anliegen. Daher werden alle Buch- und Kalender-Neuheiten auf FSC®-zertifiziertem Papier gedruckt.

GLÜCKWÜNSCHE ALLES GUTE

SPASS ÜBERRASCHUNGEN BUNTE

WÜNSCHE

Einen guten Tag FREUDE

SCHENKEN

Welch schöneren Anlass könnte es zum Feiern geben als den Tag, an dem Sie geboren sind? Schön, dass es Sie gibt, will Ihnen jemand sagen! Begegnungen wie diese machen uns reich und geben Kraft. Was liegt schon alles hinter Ihnen, was noch alles vor Ihnen? Bei GROH suchen wir zu diesem Anlass nach der passenden Botschaft. Denn da ist jemand, dem Sie wichtig sind und der an Sie denkt.

Ihr Joachim Groh

Dieses Buch entstand in enger Zusammenarbeit mit meiner Kollegin Ursula Kohaupt. Wir haben Ideen gesammelt, Gedanken sortiert, Texte verfasst und wieder verworfen, neu geschrieben und daran geschliffen, Zitate sorgfältig ausgewählt und geprüft, nach den schönsten Bildern gesucht und nicht aufgegeben, bis wir sie gefunden hatten. Mit unseren Grafikern haben wir die Gestaltung entwickelt und daran gefeilt, Cover und Farben abgestimmt und nicht locker gelassen, bis alle zufrieden waren. Wir haben uns über jedes Puzzlestück gefreut, das seinen Platz im großen Ganzen gefunden hat - und hier ist es nun: ein Geburtstagsgeschenk, das von Herzen kommt.

Vielen Dank an alle Beteiligten.
Laura Thies

Textnachweis: Wir danken allen Autoren bzw. deren Erben, die uns freundlicherweise die Erlaubnis zum Abdruck von Texten gegeben haben, sowie der Verlagsgruppe Random House für das Zitat auf S. 36, aus: Martin Buber, Die Legende des Baalschem © 2001, Manesse Verlag, Zürich, in der Verlagsgruppe Random House GmbH, München.

Bildnachweis: Cover und Innenteil (Ranken): iStock.com/losow; U4: Shutterstock/Elisabeth Perotin; S. 2: Plainpicture/Ranek Lars; S. 5: iStock.com/Squaredpixels; S. 6: Masterfile/Raimund Linke/Radius Images; S. 8: fotolia/haveseen; S. 10: Masterfile/Premium RF; S. 13: Getty Images/Photographer's Choice/Grant Faint; S. 14: Plainpicture/Richard Bellevue; S. 17: iStock.com/zodebala; S. 18: Getty Images/Westend61/Maria Elena Pueyo Ruiz; S. 20: Getty Images/Sollina Images/Blend Images LLC; S. 22: Getty Images/The Image Bank/Diane Cook and Len Jenshel; S. 25: Getty Images/Digital Vision/Jack Hollingsworth; S. 26: fotolia/lola1960; S. 28: fotolia/Yeko Photo Studio; S. 30: iStock.com/ahmetfatihtaril; S. 32: Masterfile/Premium RF; S. 35: Getty Images/Moment/Maria Jose Valle Fotografia; S. 37: Masterfile/F. Lukasseck; S. 39: fotolia/Ivan Kruk; S. 40: Getty Images/The Image Bank/Jennifer Cheung; S. 43: iStock.com/NatureNow; S. 44: Getty Images/The Image Bank/Rita Maas.

Layout und Satz: Petra Schmidt Grafik Design

ISBN 978-3-8485-1649-0

177008-4253-01